SOMMAIRE

ISBN 2.215.060.07.7

Dépôt légal à la date de parution.
Conforme à la Loi N°49-956 du 16 juillet 1949
sur les publications destinées à la jeunesse.
Imprimé en Italie (11-99)

l'ATLAS DES ANIMAUX

Conception :
Jane DELAROCHE

Texte :
Laure CAMBOURNAC

Images :
Marie-Christine LEMAYEUR
Bernard ALUNNI

FLEURUS ENFANTS

ÉDITIONS FLEURUS, 15-27 rue Moussorgski 75018 PARIS

IL Y A TRES LONGTEMPS...

Les animaux qui vivent aujourd'hui sur la Terre n'ont pas toujours existé. Il y a des milliards d'années, notre planète ressemblait à une boule de feu. Elle était recouverte de volcans et de déserts chauffés par un soleil brûlant : toute vie était impossible. Les tout premiers signes de vie sont apparus des millions et des millions d'années plus tard : c'étaient de minuscules êtres vivants qui se sont multipliés et transformés pour devenir des plantes et les ancêtres des animaux que nous connaissons.

Il y a 4 milliards d'années, une épaisse couche de nuages entourait la Terre. Elle était formée de gaz et de vapeur d'eau qui s'échappaient des volcans en éruption. C'était une atmosphère irrespirable. Petit à petit, la Terre s'est refroidie. Puis il s'est mis à pleuvoir pendant des milliards d'années. Une grande partie de la Terre s'est alors transformée en océan ! C'est dans cet océan d'eau chaude, il y a 3,5 milliards d'années, que toute la vie sur Terre a commencé sous la forme de bulles microscopiques.

Les algues bleues sont les premiers êtres vivants. Ces minuscules cellules de vie, invisibles à l'œil nu, vont grandir et se développer au fond de l'océan.

Les premiers invertébrés ont un corps mou sans os et sans colonne vertébrale. Ils sont apparus il y a 600 millions d'années : c'étaient principalement des vers marins, des méduses et des éponges. Certains flottaient, d'autres se déplaçaient dans l'eau et d'autres encore rampaient au fond des océans.

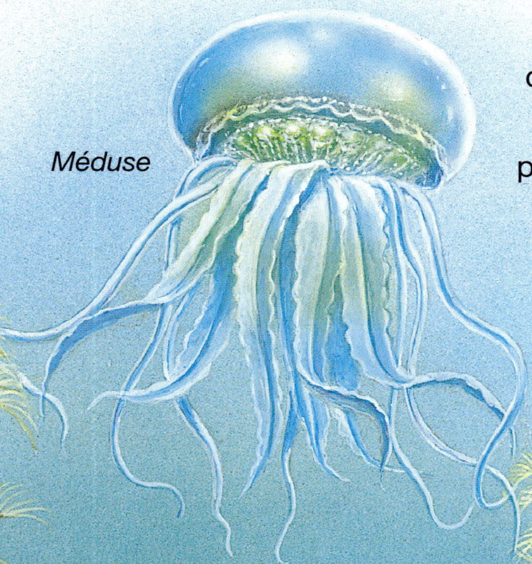

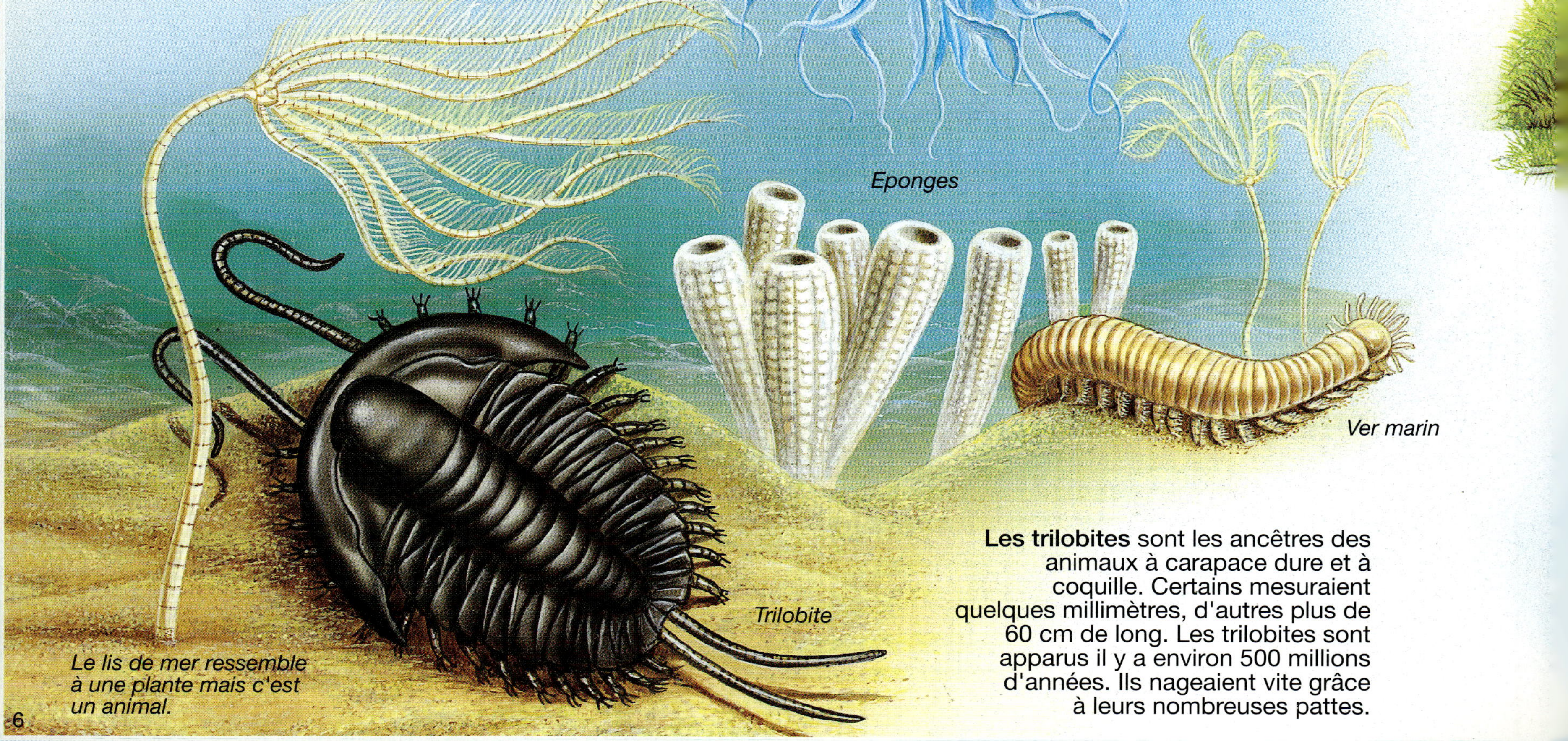

Le lis de mer ressemble à une plante mais c'est un animal.

Les trilobites sont les ancêtres des animaux à carapace dure et à coquille. Certains mesuraient quelques millimètres, d'autres plus de 60 cm de long. Les trilobites sont apparus il y a environ 500 millions d'années. Ils nageaient vite grâce à leurs nombreuses pattes.

Les agnathes sont les premiers vertébrés. On les appelle aussi "bouches rondes" parce qu'ils n'avaient pas de mâchoires. Ils vivaient il y a 450 millions d'années.

Le dunkleosteus était le plus redoutable des poissons cuirassés. Il pouvait mesurer plus de 9 m, avait une tête énorme et ses dents mesuraient 50 cm de long ! Son corps était recouvert de plaques osseuses qui le protégeaient des attaques.

Les poissons cuirassés apparurent il y a 400 millions d'années. Ils étaient recouverts d'une véritable armure à l'avant de leur corps.

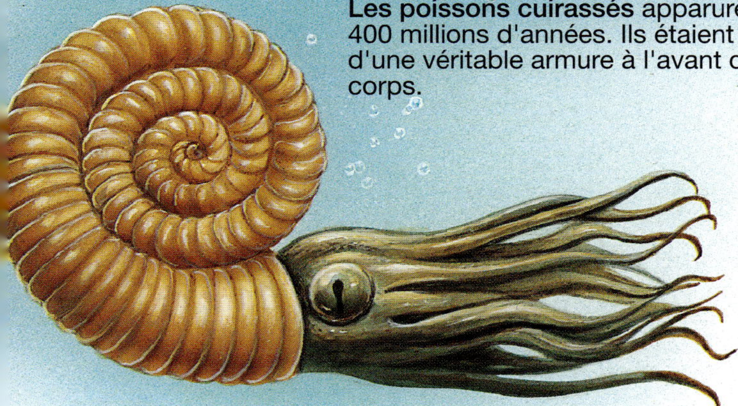

Les ammonites sont des coquillages qui vivaient il y a 400 millions d'années. Leur coquille, qui ressemblait à celle des escargots, pouvait atteindre des tailles incroyables. Il y avait des ammonites dans toutes les mers du globe.

Il y a 350 à 300 millions d'années, les mousses, les fougères et des arbustes se développent. Les premiers insectes apparaissent, et certains poissons gagnent la terre ferme.

Des libellules géantes parcouraient le ciel. Leur taille pouvait atteindre 80 cm, ailes déployées. D'autres insectes géants habitaient aussi les forêts humides de cette période : araignées, cafards...

L'ichtyostège est le premier vertébré à être sorti de l'eau. C'était un amphibien, un ancêtre de la grenouille. Il mesurait 1 m de long. Ses poumons lui permettaient de respirer à l'air et ses nageoires s'étaient transformées en courtes pattes musclées.

Le ptéranodon est un des premiers reptiles volants. Il mesurait plus de 7 m d'envergure ! Son bec était énorme, sans dents, et il avait une crête osseuse au-dessus du crâne.

Le glyptodon, l'ancêtre du tatou, avait une carapace d'une seule pièce. C'était un des premiers mammifères. Après la disparition des dinosaures, il s'est développé sur Terre, ainsi que de nombreux autres animaux (voir p. 10-11).

AU TEMPS DES DINOSAURES

Parmi les nombreux reptiles qui ont peuplé la Terre, on connaît assez bien les dinosaures. Ils ont vécu il y a environ 220 millions d'années. Leur nom signifie “lézard terrible”. On a retrouvé un peu partout dans le monde des ossements, des empreintes de leurs pas, des dents et même des œufs ! Leurs os sont fossilisés, c'est-à-dire qu'ils se sont transformés en pierre. En analysant ces fossiles de dinosaures, les spécialistes ont appris que leur peau était écailleuse et imperméable et que certains pouvaient vivre plus de 100 ans !

Les dinosaures pondaient des œufs dans des nids sur le sol, parfois dix à la fois ! Ronds ou allongés, ces œufs étaient bien petits par rapport à la taille des dinosaures, mais leur coquille était très dure.

Le tyrannosaure était le plus grand carnassier de cette période et certainement le plus terrifiant. Ce géant de 6 m de haut et de 15 m de long avait une tête énorme qui pouvait tourner de tous les côtés. Ses mâchoires avaient des crocs effrayants très pointus.

Le compsognathus était le plus petit des dinosaures retrouvés : ce carnivore de la taille d'un gros dindon mangeait surtout des insectes et des lézards. Pour éviter d'être lui-même dévoré, il devait courir vite, sur ses longues pattes.

Le tyrannosaure pouvait courir à 30 km/h !

Le diplodocus était certainement le plus grand de tous les animaux de la Terre : un géant de plus de 25 m de long avec une petite tête au bout d'un long cou. Il se nourrissait de plantes aquatiques et de feuilles d'arbre. Pour se défendre, il se servait de sa longue queue comme d'un fouet. Il vivait en Amérique du Nord, où l'on a retrouvé un squelette entier.

La crête des parasaurolophus leur servait peut-être à se reconnaître entre eux, mais aussi à se frayer un chemin dans la végétation.

Le parasaurolophus était un curieux dinosaure qui vivait près des points d'eau et savait peut-être nager. Sa tête était prolongée par une longue crête qui était plus développée chez le mâle que chez la femelle.

Le stégosaure avait un corps solide et une toute petite tête qui contenait un cerveau de la taille d'une noix ! Pour se protéger contre les attaques des terribles carnivores, son dos était couvert de deux rangées de plaques osseuses qui allaient de sa tête à l'extrémité de sa queue, et quatre épines redoutables terminaient cette queue.

Le tricératops ressemblait un peu à un très gros rhinocéros. C'était un animal puissant de 9 m de long, avec de grosses pattes musclées. Il avait une grande collerette osseuse qu'il pouvait redresser pour impressionner ses adversaires. Il était aussi armé de trois cornes : une petite sur le museau et deux grandes au-dessus des yeux qui pouvaient mesurer 1 m.

LES PREMIERS MAMMIFERES

Après la disparition mystérieuse des dinosaures, il y a 65 millions d'années, les premiers mammifères se sont développés sur Terre. Leur cerveau était plus gros et leurs petits ne se formaient plus dans des œufs, mais se développaient dans le ventre de leur mère. Petit à petit, les mammifères se différencièrent : mangeurs d'insectes, rongeurs, carnivores... Des millions d'années plus tard, beaucoup de ces premiers mammifères disparurent. Les autres ont évolué pour devenir ceux que nous connaissons aujourd'hui.

Le smilodon, surnommé "tigre à dents de sabre", vivait en Amérique du Nord. Il avait la taille d'un lion, une courte queue comme le lynx, et ses canines pouvaient mesurer 15 cm de long ! Elles étaient si développées qu'elles dépassaient de sa gueule ! Il se nourrissait de gazelles de l'époque, de bisons et même de mammouths !

L'eohippus n'était pas plus grand qu'un renard et pourtant c'est l'ancêtre du cheval. Il vivait dans les forêts d'Europe, d'Asie et d'Amérique du Nord. Ce tout premier cheval n'avait pas de sabots, mais des doigts qui lui permettaient de courir facilement sur le sol mou.

L'indricotherium était le plus grand mammifère qui ait jamais existé sur Terre : il mesurait 8 m de long et plus de 5 m de haut ! Il vivait en Asie et était de la famille des rhinocéros, même s'il ne portait pas de cornes.

Le megatherium, une sorte de paresseux géant d'Amérique du Sud, était poilu comme un ours ! Il pesait plusieurs tonnes et, debout, il atteignait 7 m de haut ! Dressé sur ses pattes de derrière, ce monstre aux gestes plutôt lents pouvait attraper de ses griffes les branches les plus hautes pour les porter à son museau !

Le macrochenia d'Amérique du Sud, l'ancêtre du lama, vivait dans les régions marécageuses. Il ressemblait à un dromadaire très poilu, avait des sabots comme les chevaux et une trompe plus courte que celle de l'éléphant, avec laquelle il arrachait l'herbe, les feuilles d'arbre et, sous l'eau, les plantes aquatiques.

Le cahalicotherium était capable de se dresser sur ses pattes arrière.

Le synthetoceras était un petit herbivore qui vivait en troupeaux et qui ruminait probablement comme les vaches. Les mâles portaient sur le front trois cornes recouvertes de peau : deux petites semblables à celles des chevreuils, et une plus longue, en forme de fourche, située au-dessus de son nez. C'était sans doute son arme de défense et d'attaque.

Le cahalicotherium, ou "cheval gorille", était un bien étrange animal. Cet herbivore au cou énorme marchait à quatre pattes et il déterrait les graines et les racines des végétaux en labourant le sol avec les griffes de ses pattes avant.

Le rhinocéros laineux était gigantesque et très poilu : son épais manteau de fourrure était bien adapté au climat extrêmement froid de la période à laquelle il régnait sur la Terre. On a retrouvé ses restes en Amérique du Nord, en Europe et en Asie et on peut le voir représenté sur les parois des cavernes peintes par les hommes préhistoriques.

L'ARCTIQUE

Situé autour du pôle Nord, l'Arctique comprend l'océan Arctique, l'Alaska, le nord du Canada, le Groenland, le nord de la Scandinavie et les côtes de la Sibérie. Dans cette région, l'hiver est très long et très froid, avec des nuits qui n'en finissent pas. Le sol est recouvert de glace et la mer est gelée une grande partie de l'année : c'est ce que l'on appelle la banquise. Seuls des animaux vraiment très résistants peuvent survivre dans un endroit aussi rude que celui-là ! L'été arctique ne dure que deux mois, mais, comme les journées sont longues, quelques plantes arrivent à grandir et à fleurir très vite.

Les baleines à bosse peuvent mesurer 16 m et vivre 95 ans !

Les baleines à bosse ont des fanons, et non des dents. Ce sont des sortes de peignes qui filtrent l'eau et retiennent la nourriture. De toutes les baleines, ce sont elles qui ont les plus longues nageoires. Elles battent l'eau en faisant un bruit incroyable.

Le bélouga est aussi appelé baleine blanche.

Les sternes arctiques, en hiver, partent se réchauffer à l'autre bout de la planète. Ces oiseaux sont de grands voyageurs qui peuvent parcourir 40 000 km en une année !

L'ours blanc est un carnivore redoutable : c'est le maître incontesté de la banquise. Grâce à son puissant odorat, il repère les phoques qui sont sous la glace et il peut même retrouver le cadavre d'une baleine à plus de 30 km !

L'ours polaire est aussi un excellent nageur qui n'a pas peur de se jeter dans l'eau gelée. Pour en sortir, il s'agrippe aux blocs de glace avec ses puissantes griffes. Puis il se secoue pour que ses poils ne gèlent pas !

L'orque, noir et blanc, est un grand ennemi des phoques. On l'a surnommé "la baleine tueuse" : il n'hésitera pas à sortir sa tête hors de l'eau pour croquer un jeune phoque allongé sur la glace.

Les phoques nagent comme des poissons, mais ils se déplacent péniblement en se dandinant sur la glace. L'Arctique est le paradis des phoques.

Le bébé phoque s'appelle un blanchon. Il est recouvert d'une épaisse fourrure blanche et sa mère lui donne un lait très riche qui ressemble à de la mayonnaise.

Le phoque marbré, qui a des taches foncées, est plus petit que les autres. Le phoque barbu a un menton poilu. Le phoque à capuchon gonfle son nez comme un ballon, sans doute pour séduire une femelle !

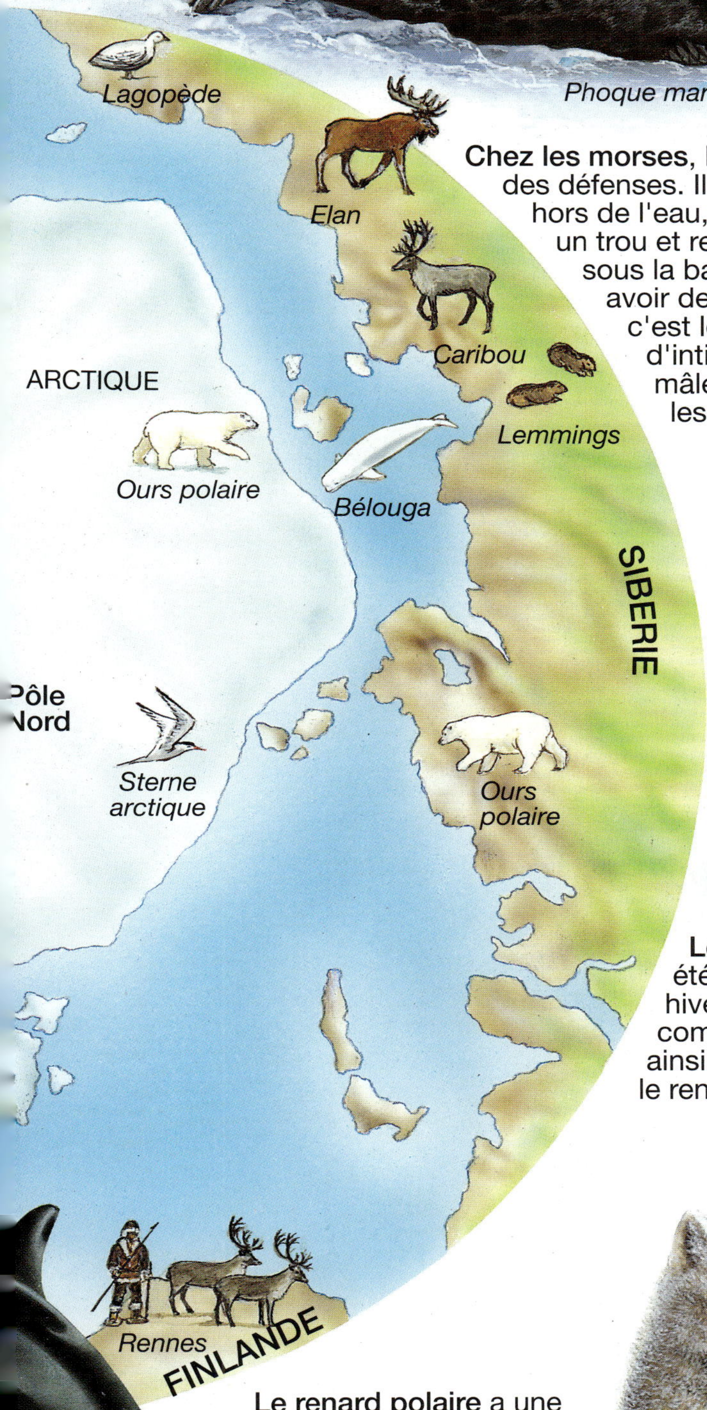

Chez les morses, les mâles et les femelles ont des défenses. Ils s'en servent pour se hisser hors de l'eau, ou pour percer un trou et respirer quand ils nagent sous la banquise. Pour un mâle, avoir de longues défenses, c'est le meilleur moyen d'intimider les autres mâles et de séduire les femelles.

Les canards sauvages, au moment du dégel, en été, reviennent faire leurs nids et se nourrir au bord des petits lacs, là où la nourriture est très abondante.

Le lièvre polaire est brun ou gris en été, selon les régions. Mais, en hiver, son pelage est blanc comme la neige : il devient ainsi invisible quand le renard rôde...

Le renard polaire a une fourrure si épaisse qu'il commence à frissonner par – 50 ° C ! Il a un pelage blanc en hiver et gris-bleu en été. S'il se nourrit de lièvres, il attrape aussi des lemmings : de petits rongeurs à peine plus gros que des souris.

Les bœufs musqués, avec leur pelage très épais, ont l'air beaucoup plus gros qu'ils ne le sont. Sous leurs longs poils qui descendent jusqu'au sol, ils ont un duvet serré et doux qui tombera à la fin de l'hiver. Par grand vent, ils sont bien protégés du froid, mais, dès qu'il neige, leur pelage mouillé gèle immédiatement.

L'ANTARCTIQUE

L'Antarctique est un immense continent de glace avec le pôle Sud en son centre et, tout autour, des océans gelés une grande partie de l'année. C'est la région la plus froide du monde, il peut faire jusqu'à – 80 ° C ! Dans ce grand désert blanc, l'épaisseur de la glace peut atteindre 4 000 m, c'est-à-dire aussi haut qu'une montagne. L'hiver, il fait nuit 24 heures sur 24 et, en été, le soleil chauffe juste assez pour faire fondre un peu la banquise. Un vent glacial souffle à plus de 300 km/h et aucune plante ne pousse.
Les rares animaux qui arrivent à survivre se trouvent sur les côtes.

Les manchots sont des oiseaux. Ils ne savent pas voler et marchent maladroitement, mais, ils nagent comme des poissons ! Toutes sortes de manchots vivent en colonies sur la banquise. Et s'ils n'ont pas tout à fait la même taille ou la même couleur de plumage, ils se ressemblent beaucoup.

Manchots Adélie

L'hiver, quand il neige et que le blizzard souffle fort, les manchots se mettent en cercles et ils se serrent les uns contre les autres, le dos au vent. On dit qu'ils font "la tortue". Ils peuvent rester ainsi des heures sans manger. De temps en temps, ils changent de position : les manchots qui sont au centre viennent remplacer ceux qui sont à l'extérieur.

Chez les manchots, c'est le mâle qui couve l'œuf pendant deux mois. Il le pose sur ses pattes, bien à l'abri dans un repli de la peau de son ventre. Il ne doit pas trop bouger pour ne pas risquer de le casser... Pendant qu'il couve et qu'il maigrit, car il ne peut pas se nourrir, la femelle est en mer et mange des mollusques.

À la naissance, les petits manchots sont tout gris et tout duveteux : on dirait qu'ils ont un épais manteau de fourrure ! Plus tard, ils deviendront marron, et enfin noir et blanc.

Pour atteindre plus vite la mer, les manchots font des glissades sur le ventre. Puis ils plongent la tête la première.

En attendant d'être assez grand pour aller pêcher lui-même ses poissons, le poussin manchot est nourri chaque jour par l'un ou l'autre de ses parents, qui lui donne du krill ou de petits poissons régurgités.

Avec son corps en forme de torpille, le manchot empereur est un champion de la natation : il peut nager très profond et faire des pointes à 60 km/h. Mais il ne peut rester plus d'un quart d'heure sous l'eau sans respirer.

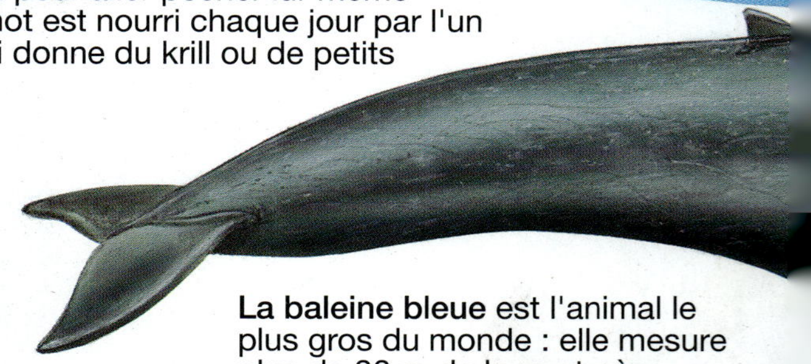

La baleine bleue est l'animal le plus gros du monde : elle mesure plus de 30 m de long et pèse jusqu'à 190 tonnes : elle est aussi lourde que 30 éléphants ! La femelle est plus grosse que le mâle, et son baleineau pèse 7 tonnes à la naissance !

Des manchots royaux

Le léopard des mers est le grand ennemi des manchots, c'est aussi le plus grand phoque de l'Antarctique. C'est un chasseur redoutable et il n'hésite pas à s'attaquer aux petits des autres phoques.

Les pétrels vivent en colonies dans les falaises exposées au soleil et ils communiquent en poussant des cris rauques. Ils creusent des nids dans la neige et, pour protéger leurs poussins des intrus, ils crachent un liquide qui sent très mauvais...

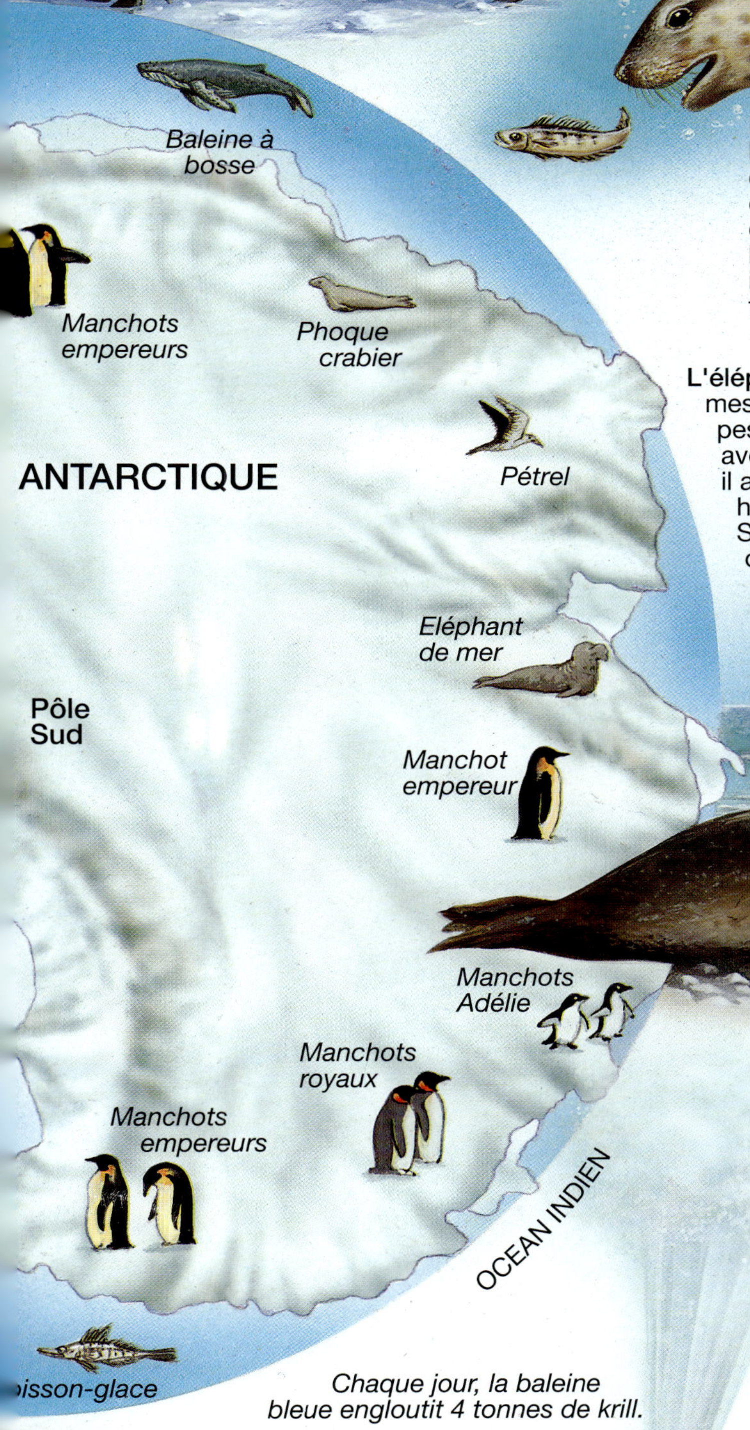

L'éléphant de mer peut mesurer 6 m de long et peser jusqu'à 3 tonnes : avec une taille pareille, il a parfois du mal à se hisser sur la glace ! Seuls les mâles adultes ont une sorte de petite trompe à la place du nez. C'est de là que vient leur nom.

Chez les éléphants de mer, le combat est souvent sanglant. A la saison des amours, le dos cambré, la gueule ouverte, le museau redressé, les grands mâles s'affrontent en mugissant au bord de l'océan pour conquérir les femelles.

Les eaux de l'Antarctique sont riches en krill, la nourriture préférée des baleines. Elles parcourent des milliers de kilomètres pour venir se nourrir là chaque été.

Chaque jour, la baleine bleue engloutit 4 tonnes de krill.

La baleine à bosse, bouche grande ouverte, avance en aspirant des tonnes d'eau qui contiennent du krill et des poissons. Elle retient le krill grâce à ses fanons, puis elle recrache l'eau avec tous les petits poissons qui font le régal des oiseaux.

L'AMÉRIQUE DU NORD

Ce territoire immense, dix fois plus grand que l'Europe, s'étend sur deux pays : le Canada et les Etats-Unis. On y trouve de grands parcs nationaux et des réserves naturelles. Au Canada, il neige pendant de longs mois. Presque tout le pays est recouvert d'immenses forêts de conifères et, à l'ouest, débutent les montagnes Rocheuses qui se prolongent aux Etats-Unis. Sur cette autre partie du continent, déserts brûlants, marécages et grandes prairies constituent des milieux de vie très différents.

Le grizzli, l'ours brun d'Amérique du Nord, est un géant de près de 300 kg. Quand il se met debout, il peut mesurer parfois 3 m de haut ! Il mange aussi bien des plantes que de petits animaux ou du poisson : il peut avaler 12 kg de nourriture par jour. L'hiver, il reste six mois caché au fond de sa tanière, à moitié endormi, sans manger et sans boire. C'est à cette période que la femelle met au monde ses deux ou trois petits.

Le lynx roux, avec son pelage tacheté de noir, passe facilement inaperçu dans les bois, les rochers et les broussailles de son territoire de chasse : il entend très bien, sa vue est perçante et ses canines très pointues. Dès qu'il a repéré un lièvre ou un lapin, il s'en approche en rampant.

L'hermine a longtemps été chassée par l'homme pour sa fourrure. Elle se nourrit surtout de petits rongeurs, mais elle n'hésite pas à s'attaquer à un lapin plus gros qu'elle ! L'été, sa robe est couleur noisette.

A quatre mois, les oursons, bien nourris par le lait de leur mère, sortent enfin de leur tanière. Très vite, ils apprennent à pêcher les saumons d'un coup de patte, dans l'eau peu profonde des rivières. Puis ils s'installent sur la berge pour les déguster délicatement, en laissant la tête, la queue et les arêtes !

Les écureuils des forêts d'Amérique du Nord sont roux, bruns ou gris. Ce sont de véritables acrobates qui sautent de branche en branche et descendent des arbres la tête la première, en s'agrippant à l'écorce des troncs. Ils peuvent même rester immobiles dans cette position, sans tomber ! Ils sont partout dans les arbres, décortiquant les pommes de pin pour récupérer leurs graines ou accumulant des provisions de noix et de noisettes, qu'ils dissimulent dans des cachettes pour se nourrir pendant l'hiver.

Le glouton a un air de famille avec l'ours, mais il est plus petit. C'est un chasseur féroce, aux mâchoires puissantes, connu pour son appétit d'ogre. Il s'attaque parfois aux animaux vivants, mais il préfère leurs carcasses d'animaux.

Les loups vivent en meutes sur leur territoire. Toujours en chasse, ils se déplacent en famille, à la queue leu leu : ils peuvent parcourir 1 000 km à la poursuite d'un élan. Pour communiquer entre eux, avertir de leur passage et protéger leur territoire, ils poussent toutes sortes de grognements, des glapissements, des gémissements et de lugubres hurlements...

L'élan est le plus grand de tous les cerfs. Les mâles portent sur leur tête de grands bois qui tombent à la fin de l'automne. Plus le mâle est vieux, plus ses bois sont imposants : ils peuvent peser jusqu'à 20 kg ! L'élan se nourrit d'herbe et de broussailles, qu'il a bien du mal à trouver en hiver.

Le castor, avec ses dents tranchantes, est capable d'abattre un arbre en en rongeant le tronc. Il coupe des arbres pour se nourrir, mais aussi pour construire un barrage, parfois très long et très haut, qui maintiendra l'entrée de sa hutte dans l'eau, ce qui le protégera de ses ennemis. Grâce à ses dents et à sa queue plate, il aménage et consolide sa hutte faite de branches et de boue dans laquelle il vit en famille.

ANIMAUX D'AMERIQUE DU NORD

La chèvre des montagnes Rocheuses, avec sa longue fourrure blanche, peut résister au froid des hauts sommets : elle a deux épaisseurs de poils ! C'est aussi une vraie acrobate, qui peut escalader les montagnes escarpées. Ses cornes sont petites mais pointues comme des poignards.

Le puma fait partie de la famille des chats : il miaule, ronronne, mais ne sait pas rugir. Pourtant, on le surnomme le lion des montagnes, et il peut peser plus de 100 kg ! Il a longtemps été pourchassé, mais il est désormais protégé.

L'aigle à tête blanche peut mesurer presque 2 m, les ailes déployées. Il capture les poissons avec ses énormes serres. Il est l'emblème des Etats-Unis.

La mouffette est une farceuse : quand elle se sent menacée, elle se dresse sur ses pattes avant et dirige sur son agresseur deux jets de liquide à l'odeur très désagréable, qui peuvent l'aveugler momentanément.

Le bighorn a un pelage court et de grosses cornes en spirale. C'est un vrai alpiniste qui ne craint pas d'affronter les pentes abruptes des montagnes.

Le gila monstrueux est le seul lézard venimeux au monde. Il tue ses proies avec ses puissantes mâchoires, ses dents acérées et son venin ; heureusement, sa morsure n'est pas mortelle pour l'homme ! Il vit dans les déserts.

L'alligator américain vit dans le sud des Etats-Unis. Pour protéger ses œufs et les tenir au chaud, la femelle alligator les recouvre de feuillage, de branchages et de terre. Certains nids peuvent ainsi mesurer plus de 1 m de haut !

Le lamantin vit dans les rivières d'eau salée et près des côtes de Floride. Il nage lentement en faisant onduler sa queue de haut en bas et il se sert de ses nageoires un peu comme de bras. C'est un gros mangeur de plantes aquatiques, qui peut peser 1,5 tonne. Malheureusement, il est menacé par la pollution.

Le grand requin blanc a si mauvaise réputation qu'on l'a surnommé "mangeur d'hommes" ! Il est vrai qu'il a des dents redoutables et qu'il est attiré par l'odeur du sang. Il peut avaler un phoque en 5 ou 6 bouchées ! Heureusement, très peu d'espèces de requins sont aussi dangereuses.

Les cerfs de Virginie vivent dans les sous-bois et les taillis. On les appelle aussi cerfs à queue blanche, car en cas d'alerte ils soulèvent leur queue, dont le dessous tout blanc se repère de loin. Leur couleur varie selon les saisons : plutôt roux en été, ils sont brun-gris en hiver.

Le raton laveur ne lave pas vraiment ses aliments, mais il passe des heures, les pattes dans l'eau, à farfouiller le fond des rivières pour attraper des écrevisses, des grenouilles ou des poissons.

La tête du raton laveur est reconnaissable : on croirait qu'il porte des lunettes noires !

L'opossum de Virginie ressemble à une grosse souris de la taille d'un chat. La femelle peut avoir plus de 10 petits à la fois et, quand elle se déplace dans les arbres, elle transporte sa famille cramponnée à son dos.

Les mustangs sont des chevaux sauvages qui se trouvent dans des réserves de l'Ouest américain. Ils vivent en petits groupes d'une quinzaine sans se quitter pendant une dizaine d'années. Ils ont un caractère bagarreur et méfiant.

Attention, quand le crotale se met à “sonner” c'est qu'il va attaquer !

Le crotale, ou serpent à sonnette, est une espèce de vipère terriblement venimeuse qui s'attaque aux petits mammifères et les avale tout ronds !

Les bisons sont de la même famille que les vaches, mais ils sont deux fois plus gros ! Un grand mâle peut atteindre presque 900 kg ! Quand ces costauds perdent leur fourrure d'hiver, ils se roulent dans la poussière afin de se débarrasser des lambeaux de vieux pelage.

La loutre de mer passe sa vie dans l'eau, le ventre en l'air, souvent enroulée dans les algues. Elle se nourrit de crustacés, de mollusques et de coquillages, qu'elle ouvre en les tapant avec un caillou.

Les dauphins sont très joueurs et adorent sauter hors de l'eau.

Les dauphins ne sont pas des poissons, mais des mammifères marins : ils doivent remonter à la surface pour respirer. Excellents nageurs, ils peuvent atteindre 40 km/h.

L'AMERIQUE DU SUD

En Amérique du Sud, les climats, les paysages et la végétation sont particulièrement nombreux et différents.
Si certains animaux se sont habitués à vivre sur les hauts plateaux des Andes, d'autres ne se trouvent que dans les grandes prairies, que l'on appelle la pampa. Ailleurs, dans l'immense forêt vierge amazonienne, on trouve des millions d'insectes, des singes au comportement étrange parmi des arbres gigantesques qui laissent à peine pénétrer la lumière.

L'atèle, que l'on appelle aussi le "singe-araignée", est le plus agile des singes d'Amérique du Sud. Il se sert de sa queue comme d'un bras. C'est un véritable acrobate. Il se suspend parfois par les mains, les pieds et la queue pour faire un pont et permettre à son petit de passer d'une branche à une autre.

Le toucan se sert de son bec coloré pour picorer la pulpe des fruits et récolter les graines dont il se nourrit. Son énorme bec est léger parce qu'il est creux à l'intérieur et sa couleur varie avec l'âge de l'animal.

Les singes hurleurs vivent en groupes au sommet des arbres. Au petit matin, ou quand d'autres mâles s'approchent des femelles, le chef du clan pousse des hurlements en dilatant son cou.

L'ocelot est un petit félin très souple et très agile. On l'appelle aussi "panthère peinte". Il vit dans les arbres et se nourrit de singes et d'oiseaux qu'il assomme d'un coup de patte. Mais il lui arrive aussi de chasser à terre.

Le tamarin doré fait partie de la famille des ouistitis. Ce petit singe se cramponne au tronc des arbres grâce à ses griffes, à la manière d'un écureuil ! Sa crinière lui vaut le surnom de "singe-lion".

Le grand morpho bleu est un papillon très rare, recherché par les collectionneurs du monde entier. Les ailes déployées, il peut avoir jusqu'à 20 cm d'envergure ! Certains morphos sont bleu-vert, d'autres plutôt bleu foncé.

L'ara macao est un des perroquets les plus typiques de la forêt amazonienne. Son bec crochu est bien pratique pour se cramponner aux branches. Il s'en sert aussi pour grimper aux arbres en le plantant dans l'écorce des troncs.

Le coq de roche mâle a des couleurs flamboyantes et une crête arrondie sur la tête qui masque son bec. Pour séduire sa femelle, il sautille en faisant des mouvements de tête et en claquant le bec.

L'ara hyacinthe au plumage bleu-violet est le plus grand perroquet du monde : il peut atteindre 1 m de long avec sa queue. Il est assez rare et s'installe au sommet des arbres. Il pousse toutes sortes de cris mais ne sait pas chanter.

Le tapir attrape les branches, le feuillage et même les fruits dont il se nourrit grâce à sa petite trompe. Il dort le jour et sort la nuit pour chercher sa nourriture. Bon nageur, il s'enfuit dans l'eau quand surgit le jaguar.

Bébé paresseux s'installe sur le ventre de sa mère comme dans un hamac !

Le paresseux porte bien son nom : il se déplace très lentement et passe une quinzaine d'heures par jour à dormir. Quand il reste suspendu aux arbres, il s'accroche à une branche grâce aux grandes griffes de ses mains et de ses pieds.

ANIMAUX DES ANDES ET DE LA PAMPA

L'Amérique du Sud est bordée à l'ouest par la cordillère des Andes, la plus longue chaîne de montagnes du monde. Elle s'étend sur plus de 8 000 km et mesure près de 7 000 m de haut ! Au sud, c'est encore un paysage différent, des prairies sèches et peu habitées sont balayées par un vent violent : c'est la pampa.

Les lamas vivent dans les hauts plateaux des Andes. Leur tête ressemble à celle du chameau, qui est de la même famille. Comme lui, ils sont capables de porter de lourdes charges sur leur dos pendant des kilomètres. Avec le lait des lamas femelles, on fait du fromage, tandis que les longs poils du lama alpaga fournissent une laine douce et chaude.

Le condor est le plus grand de tous les rapaces. Avec ses ailes immenses, il plane dans le ciel de la cordillère des Andes en décrivant des cercles, puis il plonge sur sa proie, souvent le cadavre d'un animal.

Ces ours n'ont pas tous les mêmes "lunettes". Leur dessin varie d'un animal à l'autre.

L'ours à lunettes est un ours très rare, le seul ours d'Amérique du Sud. Il vit dans les arbres des forêts, au pied des montagnes, où il se nourrit de feuilles, de fruits, d'insectes, parfois de vigognes et même de charognes. La nuit, pour dormir, il se construit un nid dans un arbre. Le mâle peut peser 200 kg !

Les vigognes, ci-dessus, sont des cousines des lamas. Plus petites et plus agiles, elles grimpent plus haut dans la montagne. Face au danger, le seul moyen qu'elles aient de se défendre est de courir.

Le chinchilla est un petit rongeur à la queue touffue. On le rencontre difficilement aujourd'hui, car il a longtemps été chassé pour sa fourrure soyeuse dont on se servait pour réaliser des manteaux.

Le tamanoir, ou fourmilier géant, est un bien étrange animal avec un long museau pointu. Il ne mange pas de fourmis, mais des termites. Il les attrape avec sa grande langue gluante, après avoir éventré la termitière d'un coup de patte.

Le porc-épic d'Amérique du Sud passe ses journées installé tranquillement dans les arbres. Pour se déplacer, il se sert de sa queue en l'enroulant autour des branches. Ses piquants sont généralement rabattus sur son dos, mais, en cas de menace, il les redresse pour se défendre.

Le tatou ressemble à un animal préhistorique. Avec ses énormes griffes, il creuse des galeries dans lesquelles il dort presque toute la journée. Il sort pour attraper des serpents ou voler des œufs. Quand il est attaqué, il se roule en boule : il est ainsi protégé par sa carapace.

La femelle nandou dépose ses œufs un par un à côté du mâle qui les fait rouler sous son corps pour les couver.

Le nandou ressemble beaucoup à l'autruche. Comme elle, le nandou ne sait pas voler, mais il court très vite dans la pampa. Dans la famille nandou, c'est le papa qui couve et élève les petits.

Le loup à crinière ne chasse pas en bande comme les autres loups, il est solitaire. On le reconnaît grâce à sa petite crinière autour du cou et surtout à ses très longues pattes.

La viscache est un gros rongeur qui creuse des galeries dans le sol de la pampa. Elle craint les renards et les serpents. Les alentours de l'entrée de son souterrain sont toujours dégagés pour mieux voir l'ennemi arriver.

Le mara est le “lièvre de la pampa”. Avec ses grandes pattes arrière, il bondit et court comme lui. Ce rongeur creuse des terriers, mais il s'installe aussi volontiers dans les galeries des viscaches.

ANIMAUX D'AMAZONIE

Au nord de l'Amérique du Sud, la forêt amazonienne est traversée par un des plus longs fleuves du monde, l'Amazone, et aussi par d'innombrables rivières et cours d'eau au bord desquels se regroupent de nombreux animaux. Près de la mer, les côtes sont marécageuses et accueillent des oiseaux magnifiques.

L'ibis rouge, au long bec et à l'œil tout noir, est rouge vif du bout des pattes à la pointe du bec.

Ces beaux échassiers doivent leur couleur aux crabes et aux crevettes dont ils se nourrissent. Ils vivent dans les arbres qui ont les pieds dans l'eau, sur la côte, et pêchent surtout le soir et tôt le matin.

Le jaguar est le plus grand des félins d'Amérique du Sud. C'est un féroce chasseur, bien trop lourd pour se déplacer facilement dans les arbres, mais un excellent nageur. Il trouve sa nourriture de jour comme de nuit près des fleuves et des rivières.

L'anaconda est l'un des plus grands serpents du monde : il peut dépasser 7 m de long ! Cet énorme boa aquatique, qui n'a pas de venin, tue ses proies en les étouffant. Il ose même s'attaquer aux caïmans! Mais, quand il se sent menacé, il s'enfuit à la nage.

Le boa anaconda fait partie des proies que chasse le jaguar.

Le jacana, cet oiseau aux pattes très fines et aux doigts immenses, se déplace facilement sur les feuilles de nénuphar. D'un coup d'aile, il saute d'une feuille à l'autre pour pêcher.

Le cabiai est le plus grand rongeur du monde : il mesure plus de 1 m. On l'appelle aussi cochon d'eau. C'est un très bon nageur qui reste près des rivières, mais il craint le jaguar, les piranhas et les caïmans.

Les grenouilles tropicales sont extraordinaires dans cette région. Certaines sont géantes et d'autres ont des couleurs incroyables. On trouve aussi des grenouilles venimeuses : elles produisent une substance mortelle dont les Indiens de la forêt amazonienne se servent pour empoisonner leurs flèches.

Les piranhas sont des poissons aux dents tranchantes et triangulaires réputés pour leur férocité. Ils vivent dans le fleuve Amazone et se déplacent en bandes. Ils peuvent entièrement dévorer un cabiai en quelques minutes.

L'odeur du sang attire particulièrement les piranhas qui viennent alors par milliers.

ANIMAUX DES GALAPAGOS

Au large de l'Amérique du Sud, tout près de l'Équateur, dans les îles Galapagos, sont réunis des animaux que l'on ne peut voir que sur ces terres volcaniques.

Les iguanes des Galapagos sont les seuls lézards marins du monde. Ils portent une crête d'épines sur le dos et ils se nourrissent d'algues. Dans l'eau, ils se déplacent très vite mais ne s'éloignent jamais des côtes.

Fous à pieds bleus.

Les fous sont des oiseaux marins capables de plonger à grande vitesse dans la mer pour aller assommer un poisson. Seuls les magnifiques fous à pieds bleus vivent dans les îles Galapagos.

Les tortues des Galapagos sont géantes : elles peuvent peser 250 kg, autant qu'un gorille ! Certaines ont une carapace arrondie, d'autres en ont une aplatie. Leurs pattes ressemblent à celles des éléphants.

Les manchots des Galapagos ont été attirés par les courants froids qui longent les côtes. Plus petits que les manchots de l'Antarctique, ils sont peu nombreux et leur espèce est menacée.

L'EUROPE

En Europe, les plantes et les animaux vivent au rythme des quatre saisons. Le climat est tempéré et il n'y a ni déserts brûlants ni forêts tropicales. En automne, le sol des forêts se tapisse de feuilles mortes, de glands, de mousses et de champignons qui procurent aux animaux des bois leur nourriture. Pour résister à la rigueur de l'hiver, certains animaux hibernent et beaucoup d'oiseaux migrateurs s'envolent vers les pays plus chauds. Au printemps, la vie reprend : l'herbe repousse dans les prés, les arbres se couvrent de nouvelles feuilles et les jeunes animaux sortent le bout de leur nez.

Le chevreuil vit en bordure de la forêt et, à la moindre alerte il se sauve en faisant de grands bonds. Cet animal est plus petit que le cerf et il a une tête très fine. Les bois des mâles, courts et pointus, s'appellent des andouillers : chaque année, ils tombent au milieu de l'hiver et de nouveaux bois commencent à pousser dès le printemps.

Le renard, le blaireau, le putois, la belette, la taupe, le lapin, la musaraigne, le chevreuil, l'écureuil, le hérisson… vivent dans tous les pays tempérés d'Europe, même s'ils ne sont pas, à chaque fois, représentés sur la carte dans tous ces pays.

Les daims se reconnaissent à leurs larges bois recouverts d'une peau appelée "velours" et à leur robe brune tachetée de blanc en été. En hiver, elle devient plus grise et unie. Pour montrer leur agressivité ou enlever un reste de velours, ils frottent leurs bois contre les arbres.

Les daims vivent en hardes, mâles et femelles réunis. Le petit faon naît au début de l'été.

Les petits, les marcassins, naissent au printemps dans un nid de feuilles mortes et de branches construit par la mère, la laie.

Le sanglier a un solide appétit. Il parcourt des kilomètres en trottinant dans la forêt, à la recherche de glands, de vers et de racines qu'il déterre à l'aide de son groin. Il aime aussi prendre souvent des bains de boue. La femelle vit avec ses petits, le mâle, lui, est un solitaire.

Le rouge-gorge est facilement reconnaissable avec son tablier rouge. Il hérisse les plumes de sa poitrine écarlate lorsqu'il veut intimider un intrus qui s'approche de son territoire. Fait extraordinaire : douze jours après sa naissance, il a déjà sa taille d'adulte !

La chouette effraie chasse la nuit. Elle se nourrit de petits rongeurs. Dans le noir, sa vue est bien plus perçante que la nôtre et elle peut tourner complètement la tête pour voir ce qui se passe derrière.

Les cicognes peuvent mesurer plus de 1 m de haut.

Les cigognes construisent leur énorme nid au printemps sur les cheminées des maisons. Pour se séduire, mâle et femelle se saluent en rejetant leur cou d'avant en arrière et en claquant du bec. On les entend à des centaines de mètres à la ronde !

Le renard roux a un très bon odorat, comme son cousin le chien. C'est un chasseur solitaire qui sort plutôt la nuit. Les campagnols, les poules et les lapins font très bien son affaire, mais il lui arrive de se nourrir de poisson.

Le renard vit dans un terrier appelé renardière.

Le blaireau est un spécialiste de la propreté : il grattouille sa fourrure pour la nettoyer, il retire la boue de ses pattes en les frottant contre un arbre et il change le feuillage de sa tanière régulièrement !

Le hérisson est bien protégé : lorsqu'il se roule en boule son armure de piquants le rend intouchable ! Ce sac à puces abrite de nombreux parasites dans ses piquants.

En hiver, les hérissons s'endorment pendant plusieurs semaines sous un tapis de feuilles ou dans un endroit abrité.

ANIMAUX DE LA MONTAGNE

Les Pyrénées et les Alpes sont des régions de montagne particulièrement préservées. La haute chaîne des Alpes, aux pentes escarpées et aux sommets enneigés toute l'année, abrite des acrobates hors pair qui s'en donnent à cœur joie. Afin d'éviter les grands froids de l'hiver, des petits mammifères hibernent sous terre pendant plusieurs mois.

Les cornes des bouquetins mâles sont impressionnantes : plus elles sont longues, plus le bouquetin est âgé !

Le chamois est un vrai équilibriste capable d'escalader les montagnes à toute vitesse, de sauter par-dessus les ravins ou de dévaler la tête la première les pentes les plus raides.

A la période des amours, les chamois peuvent se donner de violents coups de cornes.

Le bouquetin vit très haut dans la montagne, où il trouve toujours un peu d'herbe à manger entre les rochers. Ce champion de l'escalade a des sabots qui lui permettent de bien tenir en équilibre sur les pitons rocheux.

Les marmottes surveillent tout ce qui se passe. Dressées sur leurs pattes de derrière, elles observent à gauche, à droite et, au moindre bruit suspect, elles poussent un sifflement pour donner l'alerte. Toute la colonie disparaît alors au fond des terriers.

Le choucas est un corbeau de montagne qui niche en colonies dans les rochers. Il se nourrit aussi bien de plantes que de restes d'animaux morts. Dans les Alpes, il n'hésite pas à s'envoler jusqu'aux chalets d'altitude pour trouver des restes d'ordures.

L'aigle royal mesure plus de 2 m les ailes déployées. Il tournoie pendant des heures dans le ciel puis descend en piqué à 190 km/h. Les serres en avant, il fonce sur sa proie (une marmotte ou un lièvre) et la tue à coups de bec avant de l'emporter.

La genette a l'air d'un chat au museau pointu. Sa fourrure est tachetée et elle a la même taille et les mêmes yeux. Elle chasse mulots, rats et petits mammifères, surtout le soir, au coucher du soleil. Elle fréquente les forêts et les montagnes. Dans les Pyrénées, on en a retrouvé une abritée sous le capot d'un chasse-neige !

ANIMAUX DE LA MER

Les guillemots, avec leur faux air de pingouins, nichent serrés les uns contre les autres sur les falaises du nord de l'Europe. Chaque guillemot pond un seul œuf et il n'y en a pas deux d'identiques ! C'est très pratique pour les reconnaître lorsque les parents rentrent de la pêche !

Les mouettes vivent en colonies. Elles ne sont pas très difficiles : elles se nourrissent aussi bien de fruits de mer et de vers de terre que de déchets trouvés çà et là. Mais, le plus souvent, on les voit tourner autour des bateaux de pêche pour récupérer les abats de poisson que rejettent les pêcheurs par-dessus bord.

Le macareux, avec son bec coloré, est surnommé "clown" ou "perroquet" des mers. C'est un oiseau plongeur qui peut capturer une dizaine de petits poissons qu'il emprisonne dans son bec pour les rapporter à ses petits.

Le saumon parcourt facilement 3 000 km par an ! Après quatre années passées dans l'eau, il entreprend un long voyage pour aller vivre loin dans la mer durant deux à trois ans. Ensuite, il revient se reproduire dans le torrent où il est né. Après ce dernier voyage à contre-courant, il meurt d'épuisement.

Les anguilles naissent en mer, près des Antilles. Les larves sont emportées par les courants vers les côtes de l'Europe. Leur voyage dure trois ans. Là, elles empruntent les eaux des fleuves où elles deviendront adultes. Elles repartiront pondre dans l'océan.

La taille du marsouin est à peu près celle d'un homme.

Le marsouin est un cousin du dauphin, mais il n'a pas de "bec". Comme lui, il doit remonter à la surface pour respirer. Il vit près des côtes de l'océan Atlantique et se nourrit de harengs, de morues et de merlans.

Lorsqu'elles gagnent les fleuves, les jeunes anguilles ne sont pas encore adultes : ce sont des civelles.

L'AFRIQUE

L'Afrique est un vaste continent, situé de part et d'autre de l'équateur. Du nord au sud, l'Afrique ressemble à un puzzle de paysages très variés : déserts, savane, forêts tropicales, autant de milieux où l'on rencontre des animaux qui ne sont présents que sur ce continent.
En Afrique, il y a aussi de grands fleuves, des marécages et des lacs immenses autour desquels de nombreux oiseaux et mammifères viennent se rafraîchir, se nourrir et même chasser.

Les flamants roses se rassemblent en colonies sur les grands lacs d'Afrique. Ces grands échassiers se servent de leur énorme bec pour filtrer les minuscules algues dont ils se nourrissent. Ce sont les pigments contenus dans ces algues qui leur donnent leur étonnante couleur rose.

Quand ils s'envolent, les flamants courent le cou tendu en avant pour prendre de l'élan, et ils décollent tous ensemble dans la même direction.

Les buffles sont de puissantes vaches africaines au pelage noir qui vivent en troupeaux, là où il y a des points d'eau. On les a surnommés "casques de Viking" à cause de leurs grosses cornes retournées.

Si les buffles passent des heures à patauger dans la boue, c'est pour se protéger des moustiques et des autres insectes qui les démangent.

Hippopotame veut dire "cheval de rivière" en grec. C'est vrai qu'il passe ses journées dans l'eau. Souvent, on ne voit que ses narines, ses yeux et ses oreilles dépasser de la surface de l'eau. Parfois, il ouvre grand sa gueule et ses canines menaçantes apparaissent. Ce gros mammifère terrestre, qui peut peser plus de 3 tonnes, galope quelquefois au fond de la rivière et peut retenir sa respiration plus de 3 min.

Quand les petits gigotent un peu trop dans sa gueule, la mère les fait sauter en l'air avant de les rattraper.

L'aigle pêcheur a un grand bec crochu et des serres redoutables. Il a surtout un regard perçant qui lui permet de repérer de très haut un poisson qui nage sous la surface de l'eau. Il fond sur sa proie et il saisit le poisson, parfois sans se mouiller une plume. Les petits, qui ne savent pas encore pêcher seuls, attendent sagement dans leur nid construit sur le sommet tout plat d'un acacia.

Le crocodile est un grand reptile. Il nage à toute vitesse en faisant onduler sa queue. La femelle pond ses œufs dans un nid sur la berge, et transporte ses petits dans sa gueule, sans les blesser.

D'étranges animaux vivent sur l'île de Madagascar, au large de l'Afrique. Bien qu'ils ressemblent à des singes, ils n'en sont pas. On les appelle des lémuriens.

Le maki catta, avec sa longue queue rayée, est facile à reconnaître ! Quand il rencontre un ennemi, il agite sa queue, qui dégage une odeur désagréable et éloigne le rival.

L'indri est le plus bruyant et le plus grand de tous les lémuriens. Il descend rarement des arbres, où il bondit de branche en branche. Il peut faire des sauts de 10 m pour se régaler d'une fleur, d'un fruit ou d'une pousse d'arbre. Sa queue est plus petite que celle de ses cousins.

L'aye-aye est aussi un lémurien. Il a la taille d'un écureuil et des yeux ronds comme des billes. Il se nourrit d'insectes, de larves et aussi de fruits.

ANIMAUX DE LA SAVANE

Une grande partie de l'Afrique est recouverte de savane : sur ces vastes étendues d'herbe brûlée par le soleil, les arbres sont rares, mais il y a des baobabs aux troncs énormes et des acacias aux branches en forme de parasols. A la fin du printemps, c'est la saison des pluies : c'est à ce moment-là que l'herbe pousse et verdit. Par endroits, on voit se former des points d'eau où, le soir, les animaux viennent boire, solitaires ou en troupeaux.

Comme tous les singes, les babouins passent de longs moments à chercher les parasites cachés dans leur fourrure.

Les babouins vivent en famille et se déplacent constamment, à la recherche de nourriture : des plantes, des insectes, des oiseaux et même de jeunes gazelles ! La nuit, ils dorment très haut dans les arbres, en évitant de se faire remarquer par les panthères. Lorsqu'ils se sentent menacés, ils montrent leurs grandes canines pointues.

Les zèbres ont des rayures de la tête aux pieds, même leur courte crinière est rayée ! Seuls leur museau et le bout de leur queue sont noirs. Aucun zèbre n'est d'ailleurs rayé de la même façon. Leur pelage les aide à se camoufler, car les lions et les panthères, leurs pires ennemis, sont à l'affût !

Le rhinocéros n'a pas très bon caractère. On le reconnaît à ses deux cornes sur le nez, une grande puis une petite. Quand il ne broute pas, il fait la sieste à l'ombre. Il aime aussi se rouler dans la boue des mares : elle le protège sans doute des piqûres de moustiques.

Le lion est le plus grand félin d'Afrique. Le roi des animaux ne craint personne. Ses terribles rugissements s'entendent à des kilomètres à la ronde ! Ce sont surtout les lionnes qui chassent. Elles ont fort à faire : un lion peut avaler 10 kg de viande en un seul repas !

La girafe, perchée sur ses pattes immenses, avec son cou qui n'en finit pas, est aussi haute qu'une maison de deux étages. Avec une taille pareille, elle voit les lions arriver de loin. Son cou lui permet aussi de croquer les feuilles des acacias. Mais, pour boire, c'est une autre histoire : elle doit écarter ses pattes de devant pour pouvoir baisser la tête et atteindre l'eau de la mare.

Les impalas font partie des différentes espèces d'antilopes qui vivent dans la savane. Toujours prêts à se sauver à la moindre alerte, les impalas font des bonds impressionnants.

L'éléphant est le plus gros des animaux qui vivent sur la terre ferme. Il peut peser 6 tonnes ! Ses défenses poussent toute sa vie. Ses oreilles sont plus grandes que celles de l'éléphant d'Asie et lui servent de ventilateur, mais c'est sa trompe qui est la plus importante : elle lui est utile pour boire, se doucher, cueillir des touffes d'herbe et arracher les feuilles tout en haut des arbres. Quel outil !

Le guépard, ci-dessous, est un grand amateur d'antilopes. Il est moins puissant que la panthère, mais c'est un coureur exceptionnel, le plus rapide des mammifères : il peut atteindre des pointes à 100 km/h.

La panthère, aussi appelée léopard, est une solitaire qui vit plutôt dans les arbres. Elle adore se reposer allongée sur une branche à guetter ses proies. Souvent, après la chasse, elle dépose sa victime à ses côtés pour qu'on ne la lui vole pas.

ANIMAUX DU DESERT

En Afrique, il y a aussi des déserts arides. Le Sahara est l'un de ces déserts. C'est le plus grand du monde : il fait à peu près huit fois la France ! Sur ces vastes étendues de cailloux et de sable, il ne pleut presque jamais. Il fait très chaud le jour, et certaines nuits sont si froides qu'il peut parfois geler.

Le chameau est l'animal le mieux adapté au désert. Il peut marcher des jours et des jours en portant de lourdes charges sur son dos sans boire. Mais quand il boit, il peut avaler 130 litres d'eau d'un seul coup ! Ce sont des dromadaires que l'on rencontre dans le Sahara (ils n'ont qu'une seule bosse), mais tout le monde les appelle des chameaux.

Les suricates se chauffent au soleil debout sur leurs pattes de derrière, celles de devant posées sur le ventre et le cou tendu.

Les suricates vivent en colonies, passent leur journée à renifler, à s'embrasser et à s'enlacer : on dirait qu'ils se font des câlins !

Près des terriers, il y en a toujours un qui surveille : au moindre bruit, il donne l'alerte et tous les suricates disparaissent sous terre, la queue en l'air.

Le scorpion peut être caché sous chaque pierre du désert. C'est sa façon à lui de se protéger du soleil. Gare à son aiguillon venimeux, situé au bout de sa queue, sa piqûre peut être mortelle ! Quand ils vont se reproduire, le mâle et la femelle dansent en se tenant par les pinces !

L'autruche est le plus grand oiseau du monde : le mâle est parfois plus grand qu'un homme ! Elle ne sait pas voler, mais elle court très vite et, si on l'attaque, elle donne des coups de patte.

Le fennec, ce petit cousin du renard, passe ses journées dans son terrier à l'abri du soleil. C'est surtout la nuit, quand l'air se rafraîchit, qu'il montre le bout de ses grandes oreilles.

L'oryx est une petite gazelle gris clair aux cornes pointues et droites, qui peuvent mesurer plus de 1 m de haut !

Gerboise

Fennec

La gerboise est à peine plus grosse qu'une souris, mais sa queue est deux fois plus grande qu'elle ! Elle est capable de faire des bonds de 2 m !

ANIMAUX DE LA FORÊT

Au cœur de l'Afrique se trouve une forêt tropicale chaude et humide où se plaisent les singes, les insectes et de nombreux oiseaux. Ils vivent parmi des arbres hauts comme des cathédrales, des lianes et des plantes géantes.

Les gorilles sont des végétariens. Ils consomment de grandes quantités de feuillage, de plantes, de racines et de branches.

Le gorille est le plus grand et le plus fort de tous les singes. Debout, un gorille est aussi grand qu'un homme, mais il est trois fois plus lourd ! Il n'est donc pas trop à l'aise dans les arbres. Il vit en petits groupes dans les sous-bois et se construit des nids de feuilles, dans lesquels il fait de longues siestes en famille.

La vipère du Gabon est la plus grande des vipères : elle mesure plus de 2 m et pèse 10 kg ! Ses crochets venimeux sont impressionnants et le venin mortel qu'ils injectent paralyse ses proies. En plus, grâce à la couleur de sa peau, elle passe inaperçue sur le sol de la forêt.

L'okapi a la taille d'un cheval et on l'a surnommé “le zèbre des forêts” à cause de ses pattes rayées. C'est un animal timide et craintif. Il se nourrit de feuilles, qu'il attrape avec sa longue langue ; celle-ci lui sert aussi à se nettoyer les oreilles.

Le caméléon est extraordinaire : il ressemble à un lézard préhistorique et change de couleur selon son humeur. C'est un chasseur redoutable qui se déplace lentement et qui attrape les insectes en sortant sa langue à la vitesse d'un éclair. En plus, il peut regarder partout avec ses yeux qui tournent dans tous les sens.

Le petit chimpanzé ne quitte pas sa mère pendant plusieurs années : dès sa naissance, il s'agrippe à son ventre et, plus tard, à son dos.

Le chimpanzé est le singe dont le comportement se rapproche le plus de celui de l'être humain. Il est malin et sait se servir d'outils pour s'alimenter. Par exemple, il utilise des pierres comme marteau pour casser la coque de certains fruits.

L'ASIE

Une grande partie de l'Asie est recouverte de steppes, d'immenses étendues d'herbe, les plus grandes prairies de la planète. Le climat de ces régions est rude : il ne pleut presque jamais, il fait une chaleur torride en été, et les hivers, glacials, sont accompagnés d'un vent très froid. Tout au nord de l'Asie, en Sibérie, le paysage de vastes forêts est recouvert de neige une grande partie de l'année. Les animaux se sont adaptés : ils ont souvent une épaisse toison et se déplacent beaucoup pour trouver de la nourriture.

Les lemmings sont de petits rongeurs un peu plus gros que des souris. Ils vivent au nord de l'Asie. Ils ont une fourrure longue, épaisse et imperméable, qui les protège du froid et creusent dans la neige des tunnels au fond desquels ils se réfugient pour échapper au climat glacial.

La grande outarde est un des plus lourds oiseaux du monde capables de voler. Elle passe pourtant le plus clair de son temps à courir ou à marcher. On l'appelle aussi l'outarde barbue à cause de sa barbichette.

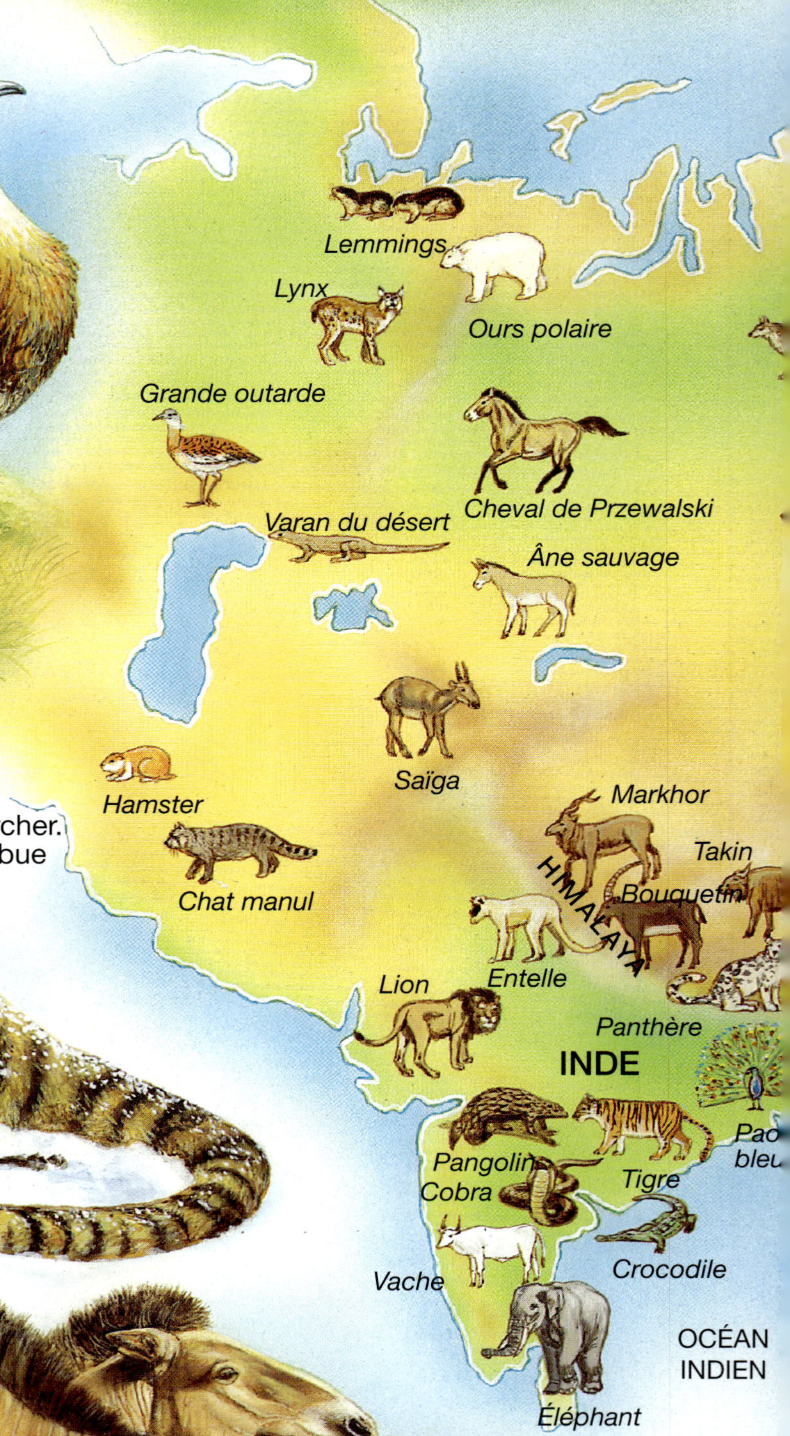

Le tigre de Sibérie est le plus grand de tous les félins. Le mâle peut atteindre presque 400 kg ! Ce carnassier solitaire chasse sur de vastes territoires. En hiver, pour résister au froid, qui atteint parfois – 40° C, ses poils s'épaississent. Ils blanchissent aussi, ce qui lui permet d'être plus discret sur la neige.

Les chevaux de Przewalski se reconnaissent à leur crinière en brosse et à la ligne de poils plus foncés qu'ils ont sur le dos. Ce sont de petits chevaux sauvages et très rares : ils sont environ une centaine dans le monde ! Pour l'instant, ils sont protégés dans des zoos.

Le chameau de Bactriane est plus petit que le dromadaire d'Afrique. Il existe encore quelques chameaux de Bactriane qui vivent à l'état sauvage. Leurs poils sont courts et fins en été et plus longs et plus épais en hiver. A la saison des amours, en janvier et février, les mâles deviennent agressifs entre eux et cherchent à se mordre.

Le phoque du lac Baïkal vit exclusivement au bord de ce lac situé au centre de l'Asie. Ce petit phoque ne mesure pas plus de 1,50 m de long et se nourrit de poissons. Mais, avec la forte pollution qui règne dans le lac, cette espèce est menacée.

Le phoque du lac Baïkal est le seul phoque au monde à vivre dans l'eau douce.

Le chat manul est un gros chat sauvage avec une fourrure épaisse et une longue queue touffue. Le jour, il se cache dans les terriers ou dans des grottes entre les rochers et la nuit, il sort chasser les oiseaux et les petits rongeurs.

Les saïgas sont des antilopes reconnaissables à leur gros museau en forme de courte "trompe". Elles vivent dans les steppes et, quand l'hiver arrive, elles migrent et se déplacent en troupeaux immenses : plus de cent mille saïgas peuvent parcourir ensemble des kilomètres à la recherche de meilleurs pâturages.

Au sud-ouest de la Chine, le plus grand pays du monde, se dresse la plus haute chaîne de montagnes de la planète : l'Himalaya, avec ses très hauts sommets enneigés toute l'année. Le mont Everest culmine à 8 848 m, mais aucun animal ne peut vivre à cette altitude : ils se sont installés un peu plus bas. L'animal chinois le plus célèbre est sans doute le panda. Plus à l'est, au large des côtes, le Japon et ses îles, souvent secoués par des tremblements de terre, accueillent de nombreux singes.

ANIMAUX DE L'HIMALAYA

Les Tibétains se nourrissent de la viande des yacks, leur font transporter de lourdes charges à travers les sentiers escarpés et boivent le lait des femelles.

Le yack porte des poils si longs et si épais qu'ils touchent presque le sol. C'est grâce à ce manteau de fourrure trop grand pour lui qu'il peut résister à des températures de – 40° C. Même s'il reste des troupeaux de yacks sauvages, la plupart sont domestiqués par les Tibétains qui habitent au pied de l'Himalaya.

Le markhor est un peu plus petit que le bouquetin. C'est une chèvre sauvage avec une grande barbe et de longues cornes en spirale qui peuvent mesurer jusqu'à 1 m. En hiver, bien qu'il aime vivre dans les montagnes escarpées, il est obligé de descendre dans la vallée, où la température est moins froide et où il peut trouver quelques touffes d'herbe à brouter.

L'ours à collier, au pelage noir, doit son nom à la bande de poils blancs qui décore sa poitrine. Ses oreilles sont bien plus grandes que celles de l'ours brun, et son museau est plus allongé. Il vit dans les forêts au pied de l'Himalaya et cherche sa nourriture (surtout des végétaux) dans les couloirs d'avalanches.

La panthère des neiges est très rare, car elle a été beaucoup chassée pour son épaisse fourrure. On peut la voir jusqu'à 5 000 m d'altitude. Elle chasse la nuit de jeunes yacks, des markhors, des lièvres et des marmottes.

La panthère des neiges est le seul félin vraiment montagnard.

ANIMAUX DE LA CHINE ET DU JAPON

Les grues de Mandchourie restent ensemble toute leur vie. Tout au long de l'année et particulièrement au printemps, elles chantent et dansent pour se séduire, le cou tendu vers le ciel et les ailes déployées.

Devenues rares en Asie, ces grues sont maintenant protégées au Japon.

Le faisan doré vit dans les broussailles et les massifs de bambous des montagnes de Chine. Avec ses magnifiques couleurs vives, ce grand séducteur peut charmer par sa parade plusieurs poules faisanes à la fois.

Le panda géant ressemble à un ours noir et blanc. Comme lui, il marche sur ses quatre pattes et n'hésite pas à grimper dans les arbres pour faire la sieste, mais il n'hiberne pas. C'est un gros mangeur de tiges de bambou : il peut en manger 20 kg en une seule journée !

Les grands pandas ont de plus en plus de difficultés à trouver des pousses de bambou pour se nourrir. On pense qu'il existe à ce jour moins de 1 000 pandas.

Le petit panda, ou panda doré, ne ressemble pas au panda géant. Il ne pèse qu'entre 3 et 4 kg, tandis que son grand cousin atteind 160 kg ! Avec sa longue queue touffue et sa tête bariolée, il a l'air d'un raton laveur. S'il a une préférence pour les pousses de bambou, il se régale aussi d'herbes, de racines et de fruits qu'il cherche la nuit. Le jour, il se repose dans les arbres.

Les macaques japonais vivent en groupes dans les forêts des montagnes du Japon. Ces petits malins se regroupent près des sources volcaniques d'eau chaude, dans lesquelles ils barbotent des heures assis dans l'eau pour se réchauffer.

ANIMAUX D'INDE ET D'ASIE DU SUD-EST

En Inde, dans le sud-est de l'Asie et en Indonésie, le climat est chaud et humide, particulièrement en été, au moment de la mousson, où les pluies sont fortes et fréquentes, causant des inondations spectaculaires. Ces pluies arrosent les forêts tropicales où vivent de nombreux animaux et surtout quantité de singes.

Les taches de sa queue, qui ressemblent à des milliers d'yeux, doivent fasciner sa fiancée.

Le paon bleu mâle mesure plus de 2 m de long en comptant la longue queue qu'il traîne derrière lui. Pendant la parade nuptiale, il étale en éventail les deux cents plumes de sa queue et il fait vibrer ses ailes.

Dès qu'il se trouve près d'un point d'eau, l'éléphant aime prendre un bain. Il se tient alors debout et s'asperge avec sa trompe. Parfois, il se couche complètement, mais le plus dur, c'est de se relever !

L'éléphant d'Asie est différent de son cousin d'Afrique. Ses oreilles sont plus petites, ses défenses aussi ; parfois, il n'en a même pas ! Avec son dos très arrondi, on le croirait un peu bossu, mais c'est un bon travailleur ! Dans les forêts, comme un bulldozer, il pousse, tire et porte des troncs d'arbres gigantesques sous les ordres de son dresseur.

Attention, la morsure du cobra peut être mortelle pour l'homme !

Le cobra, la tête dressée, le cou gonflé, la gueule entrouverte, siffle pour avertir qu'il est prêt à attaquer. Sur sa tête, un dessin bien visible lui vaut son surnom de "serpent à lunettes".

Le varan de Komodo peut engloutir sa proie entière en un seul repas !

Le varan de Komodo ressemble à un dragon. Ce lézard géant, le plus grand du monde, peut mesurer jusqu'à 3 m de long. Il est capable de se déplacer à toute vitesse. Ce carnivore aux griffes crochues, aux dents coupantes et à la langue fourchue s'attaque sans hésiter à des animaux de la taille d'une chèvre.

Le gibbon est le roi des cascadeurs ! Ce petit singe aux bras plus grands que les jambes vit en famille dans la forêt. Il se déplace de branche en branche en balançant son corps, se suspendant par une main puis par l'autre. Quand il saute d'arbre en arbre, on croirait qu'il vole ! Les gibbons sont des animaux bruyants qui poussent toutes sortes de cris et de hurlements.

Le mâle adulte a une tête impressionnante avec des bourrelets.

L'orang-outan vit dans les forêts tropicales, où on l'a surnommé "l'homme des bois". Un mâle debout mesure 1,50 m et pèse environ 100 kg. Ses bras immenses lui permettent de grimper facilement dans les arbres pour attraper feuilles et fruits dont il se nourrit.

Le nasique a une drôle d'allure avec son grand nez rouge, ses poils roux et son ventre rebondi. Le nez est beaucoup plus grand chez le mâle que chez la femelle et plus il vieillit, plus son nez grandit !

Les entelles ont l'air de porter un masque, des gants et des chaussettes noires sur une combinaison grise ! Leur tête et leur corps sont fins et leur queue mesure 1 m de long. Ils passent beaucoup de temps à terre mais dorment la nuit dans les arbres. Pour les Hindous, ce sont des animaux sacrés.

Un chat qui aime l'eau, c'est plutôt original !

Le chat pêcheur a les pattes légèrement palmées et vit dans les marécages du sud-est de l'Asie. Il bondit sur les petits mammifères qui viennent boire ou se jette à l'eau pour poursuivre à la nage les poissons.

Le rhinocéros unicorne se distingue de ses autres cousins d'Asie par son allure cuirassée, à cause des replis que fait sa peau. À la différence des rhinocéros d'Afrique, il n'a qu'une corne. Il aime principalement les prairies marécageuses et passe de longs moments allongé dans l'eau.

L'OCEANIE

L'Australie, la Nouvelle-Guinée et la Nouvelle-Zélande font partie de l'Océanie. Dans cette région du monde, il y a d'immenses déserts, mais également des forêts tropicales. Quand on parle de l'Australie, on pense tout de suite au kangourou, qui ne vit nulle part ailleurs dans le monde, mais il y a aussi le petit koala, et surtout, au large, dans les mers chaudes, la Grande Barrière de corail, où se croisent 1 500 espèces différentes de poissons, ainsi que des anémones et des étoiles de mer superbes.

Le koala ressemble à un ourson avec son corps tout rond, sa fourrure douce, son gros nez, et ses oreilles poilues. Pour le voir, il faut regarder en haut des eucalyptus. Il y passe ses journées à mâchonner leurs feuilles. Ensuite, il se cramponne aux branches pour faire la sieste et digérer.

La femelle koala n'a qu'un seul petit. A la naissance, il mesure 2 cm et n'a pas de poils. Comme le petit kangourou, il doit rester au chaud dans la poche ventrale de sa mère, accroché à une mamelle. Il n'en sortira que vers 6 mois pour grimper sur le dos de sa maman.

Le numbat est un grand amateur de termites et occupe ses journées à les chasser : il flaire le sol pour repérer les galeries de ces insectes. Puis il s'accroupit sur ses pattes arrière et il creuse avec ses pattes de devant pour dégager l'entrée des galeries avant d'y plonger sa langue allongée.

Le numbat consomme presque 20 000 termites par jour !

Les kangourous vivent dans les plaines d'Australie. On dit qu'ils sont plus nombreux que les Australiens eux-mêmes ! Ces grands marsupiaux peuvent mesurer 2,50 m de haut et, grâce à leurs pattes arrière, ils peuvent avancer par bonds jusqu'à 50 km/h.

Bébé kangourou reste environ huit mois dans la poche de sa maman. Accroché à une mamelle, il recueille le lait qui va lui permettre de se développer. Plus grand, il passe la tête en dehors de la poche et essaie d'attraper des touffes d'herbe au sol.

L'ornithorynque cherche sa nourriture au fond des rivières : il plonge et il fouille sous les pierres avec son bec de canard pour dénicher de petits poissons et des larves, qu'il garde dans ses joues. Puis il remonte à la surface pour manger tranquillement. L'été, il en avale beaucoup et fait des réserves de graisse dans sa queue, car, l'hiver, l'eau glacée rend les poissons plus rares.

Le phalanger volant vit dans les cimes des forêts, sans jamais poser les pattes à terre. Sur le côté du corps, il a une membrane de peau qui relie les pattes avant aux pattes arrière. Ainsi, il fait du vol plané entre les branches sur des distances qui peuvent atteindre 45 m !

Le casoar est un étrange oiseau reconnaissable à sa crête osseuse et à la peau de son cou toute colorée.

Le diable de Tasmanie est surnommé “le dragon des forêts” ! C’est un animal féroce, ses dents sont aiguisées et ses griffes puissantes. Il sort la nuit pour dévorer des charognes. Quand il s’attaque à une proie, il la mange tout entière, sans laisser la moindre miette.

Le casoar peut peser 50 kg et mesurer 1,50 m de haut ! Il se nourrit de fruits tombés par terre et de champignons.

Le varan de Gould, pour intimider ses adversaires, prend appui sur sa queue et se dresse sur ses pattes arrière, la gueule ouverte et menaçante. Il peut mesurer 1,50 m de long ! C’est à la tombée de la nuit qu’il chasse petits mammifères et oiseaux.

La barrière de corail est constituée de milliards d’animaux minuscules qui ont agglutiné leurs maisons de calcaire les unes aux autres dans les mers chaudes. En Australie, la Grande Barrière de corail se développe sur 2 400 km de long. C’est un fabuleux lieu de vie qui abrite de magnifiques animaux : poissons multicolores, anémones, étoiles de mer...

DES ANIMAUX DISPARUS

Depuis l'apparition des premiers êtres vivants, de nombreuses espèces animales ont disparu. Les causes de ces disparitions sont parfois naturelles : changements du climat et de la végétation, arrivée de nouveaux prédateurs dans une région... Mais les hommes sont aussi souvent responsables de l'extinction de certaines espèces. Ils chassent les animaux pour manger, se vêtir, ou détruisent leur milieu naturel pour cultiver ou construire. Aujourd'hui, les hommes ont pris conscience de leur comportement : certains animaux menacés sont protégés.

Le grand pingouin, avec ses petites ailes, ne savait pas voler, mais il nageait très bien. Ce gros oiseau de presque 5 kg vivait en colonies sur les côtes nord de l'Atlantique.Il a été massacré par l'homme, qui utilisait sa chair comme appât pour la pêche et sa graisse pour alimenter les lampes à huile. Vers 1850, il avait totalement disparu.

Le dodo est aujourd'hui l'emblème de l'île Maurice, dans l'océan Indien. Il figure sur les pièces de monnaie du pays.

Le dodo vivait sur plusieurs îles de l'océan Indien, mais les escales des marins sur ces îles ont provoqué sa disparition. Ce gros oiseau pesait plus de 20 kg ! Trois dodos suffisaient à ravitailler tout l'équipage d'un voilier ! Trop lourd, le dodo ne savait pas voler.

Le moa était un oiseau gigantesque qui vivait en Nouvelle-Zélande, il y a 200 ans. Il y avait treize espèces différentes de moas et les plus grands pouvaient mesurer 3 m de haut et peser 250 kg ! Ce parent de l'autruche a été chassé jusqu'à sa disparition définitive, vers 1700.

Le cupidon des prairies vivait en Amérique du Nord. Il était célèbre pour ses parades amoureuses : les ailes déployées, la queue dressée en l'air, les mâles martelaient le sol pour séduire les femelles. Gibier très apprécié, le cupidon a été chassé jusqu'à son extinction, vers 1930.

Pour se donner plus de charme, le cupidon gonflait les deux ballons orange de son cou.

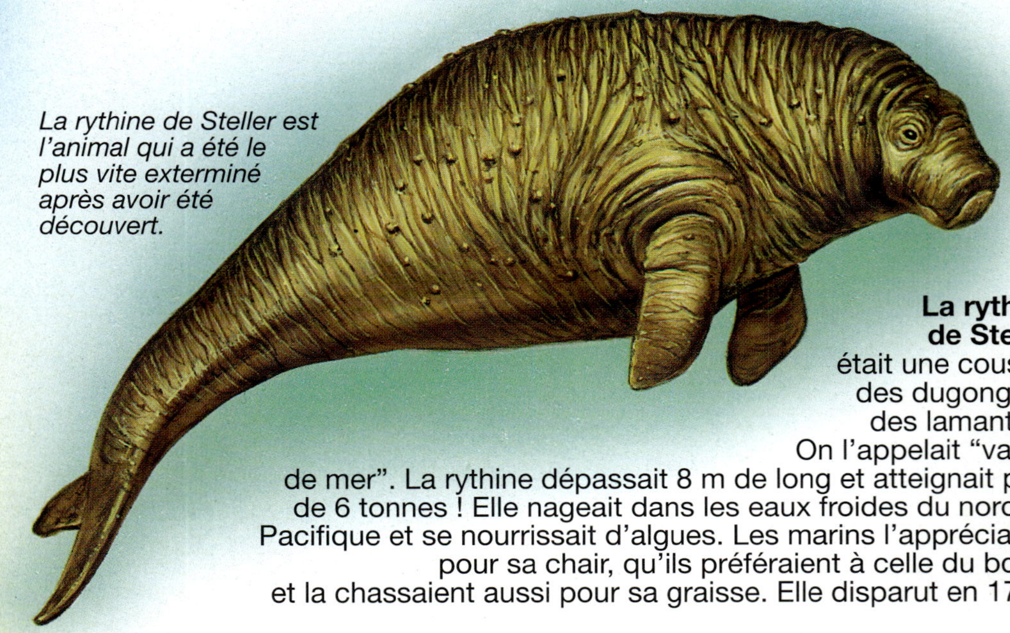

La rythine de Steller est l'animal qui a été le plus vite exterminé après avoir été découvert.

La rythine de Steller était une cousine des dugongs et des lamantins. On l'appelait "vache de mer". La rythine dépassait 8 m de long et atteignait près de 6 tonnes ! Elle nageait dans les eaux froides du nord du Pacifique et se nourrissait d'algues. Les marins l'appréciaient pour sa chair, qu'ils préféraient à celle du bœuf, et la chassaient aussi pour sa graisse. Elle disparut en 1769.

L'aurochs était un grand cousin du bœuf. Il a vécu à l'état sauvage pendant des milliers d'années dans les forêts d'Asie et d'Europe. Le dernier aurochs sauvage fut tué en Pologne en 1627. Depuis peu, des spécialistes ont réussi, par différents croisements de vaches, à faire renaître l'aurochs.

L'espèce du zèbre quagga n'existe plus depuis 1880.

Le zèbre quagga vivait encore en troupeaux en Afrique du Sud, au siècle dernier. Ce petit zèbre original n'était rayé que jusqu'à la moitié du corps ! Il fut massacré par les Hollandais, qui peuplaient l'Afrique du Sud. Ils mangeaient sa viande et tannaient sa peau pour faire des sacs. Ces zèbres furent aussi privés de leurs territoires, sur lesquels on fit des cultures.

La tortue meiolania était un drôle d'animal : sa carapace pouvait mesurer 1,30 m de long, elle avait des cornes sur la tête, des plaques osseuses sur chacune de ses pattes et des piquants le long de sa queue. Elle vivait en Australie, en Nouvelle-Zélande, ainsi que sur deux petits îlots proches. Elle fut complètement exterminée par les hommes, qui mangeaient sa chair.

Le loup du Japon, ou shamanu, était le plus petit loup connu au monde : il mesurait à peine 1 m de long ! Ce carnivore a été chassé au XIXe siècle parce qu'il faisait peur aux habitants, mais aussi pour sa fourrure douce et épaisse, qui était vendue à bon prix ! Le dernier shamanu fut tué en 1905.

Le loup de Tasmanie, ou thylacine, vivait en Australie. C'était un marsupial avec une poche sur le ventre, comme le kangourou. Ses mâchoires étaient capables de s'ouvrir en grand pour briser la tête de ses victimes. Il fut abattu par les éleveurs de moutons.

En 1936, une loi a interdit de tuer les loups de Tasmanie, mais il était déjà trop tard : le dernier disparut en 1961.